少年读中国科技

冲上云霄的
中国大飞机

张　弛◎著　　杜仁杰◎绘

北京科学技术出版社
100层童书馆

图书在版编目（CIP）数据

冲上云霄的中国大飞机 / 张弛著；杜仁杰绘 .
北京：北京科学技术出版社，2024. -- ISBN 978-7
-5714-4152-4

Ⅰ . F426.5-49

中国国家版本馆 CIP 数据核字第 20246C19T0 号

策划编辑：刘婧文　李尧涵
责任编辑：刘婧文
封面设计：沈学成
图文制作：天露霖文化
责任印刷：李　茗
出 版 人：曾庆宇
出版发行：北京科学技术出版社
社　　址：北京西直门南大街 16 号
邮政编码：100035
电　　话：0086-10-66135495（总编室）
　　　　　0086-10-66113227（发行部）
网　　址：www.bkydw.cn
印　　刷：雅迪云印（天津）科技有限公司
开　　本：889 mm × 1194 mm　1/32
字　　数：32 千字
印　　张：2.5
版　　次：2024 年 11 月第 1 版
印　　次：2024 年 11 月第 1 次印刷
ISBN 978-7-5714-4152-4

定　　价：32.00 元

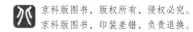

乘大飞机，去远方

这天下午2点半，阿黄准时来到机场打卡上班。咦，怎么有下午才开始的工作呀？

原来，阿黄是一名飞行员，今天，他要作为机长，执飞从上海飞往深圳的航班。

到今天为止，机长阿黄的飞行时长已经超过4000小时。他可是飞驰航空的资深飞行员！

最近，飞驰航空采购了一批 C919 **大飞机**。这可是我国第一款按照国际通行适航标准自行研制、具有自主知识产权的喷气式中程干线客机！飞驰航空抽调了一批经验丰富的飞行员来执飞这个全新的机型。阿黄正是其中之一。

经过一系列换机改装培训与模拟舱训练，阿黄已经通过考核，熟练上岗了！今天，他是第 20 次执飞 C919 机型的航班。

打完卡后，阿黄并没有直接登上飞机，这时候距离飞机起飞还有两个小时。只见机长阿黄、副驾驶小张和乘务长小橙姐等机组成员一起来到了会议室。此时，时钟屏幕显示的时间正好是 15:00。

原来，这是飞行前的**航前准备会议**。他们会说些什么呢？

与此同时，在会议室外的停机坪上，只见几个人提着神秘的工具箱缓步走向停着的大飞机。走到飞机前，随着"啪嗒"一声，工具箱打开了——里面装着各种各样的螺丝刀、扳手、警示飘带……

原来，他们是来给飞机进行全面"体检"的"飞机医生"——维修工程师。他们这儿量量，那儿看看，确认发动机叶片健康无损、起落架轮胎气压正常且没有故障信息……检查单上的项目被一项项打上对钩。如果这时发现什么问题，就要及时"会诊"了！

"左翼前缘的缝翼上有一处鸟撞击留下的凹坑。"有人报告到。

"凹坑数值多少？"

"凹坑长 30 毫米，宽 20 毫米，深 2 毫米，数值与系统记录的一致。凹坑未扩大，不影响气动性能。"

有凹坑并不是大问题，重要的是要**精细检查**，确保它对于飞行不构成任何危害。

"好的，那可以在检查单上签字了！"维修工程师确认飞机的"健康状况"良好。

会议室里，机长阿黄即时收到了关于飞机状况的报告，向大家通报本次航班的具体情况：

　　"飞机的状况不错，没有任何故障保留，左翼前缘的缝翼上有一处鸟撞击留下的凹坑，副驾驶检查飞机时注意观察，预计飞行时间 2 小时 40 分钟。"

　　"起飞机场上海浦东地面温度 27℃，气压 101.2 千帕，风向 350°，风速 3 米/秒。"

　　"深圳宝安地面温度 32℃，静风。"

　　"计划从 35R 跑道由北向南起飞。"

　　"航路天气整体不错，莆田区域可能有雷暴，注意绕飞。"

每次飞行前，**飞行员必须查看飞机状况和天气信息**，并在航前准备会议上进行沟通。天气信息之所以重要，是因为温度和湿度会影响发动机的性能，而风向和风速会影响飞机的速度。

乘务组则需要在飞行前了解乘客信息，以便满足特定类型乘客的不时之需，并在乘客不适时及时救助。

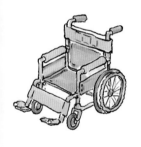

乘务长在会议上告诉机组其他人员，这次航班上一共有145名乘客，其中有2位老人，可能需要用到轮椅，还有3个幼儿，需要为他们准备儿童餐、图画书和玩具。

航前准备会议结束了。但这并不意味着飞机可以立刻起飞。会议后，机组人员还得赶在乘客前登机。因为在飞机上，还有很多准备工作等着他们完成呢！

现在，机长阿黄和副驾驶小张已经开始在驾驶舱里有序地准备工作了：

√确认预计的起飞时间和起飞跑道；
√输入航路点，设定跑道和机场静风温度；
√确保设备都能正常工作；
√输入本次航班号。

机长与副驾驶

在飞机上，我们常常会看到至少两名的飞行员。他们负责的事项有什么不同呢？

在飞行中，机长会整体负责飞机驾驶、飞行决策、地面沟通，完成起飞、降落等主要操作，应对突发情况。

副驾驶则会协助机长完成各阶段的飞行操作，观察飞行状态、汇报异常情况。在机长遇到特殊情况如身体不适时，副驾驶也会代替机长完成飞行任务。

有趣的是，机长和副驾驶吃的饭也不一样！为了防止集体食物中毒，机长和副驾驶往往会吃不同的工作餐。

与此同时，乘务长也带领新来的实习空乘小琦展开了机舱内的检查工作：

在突发情况下，逃生滑梯的压力必须保证足够大，才能顺利放出，所以乘务组在起飞前需要**确保逃生滑梯的压力正常**。

灭火器也要好好检查。机舱属于密闭空间，所以不会使用二氧化碳灭火器，不然容易造成缺氧。机上配备的灭火器是水灭火器和主要成分为"卤代烷"的海伦灭火器。乘务员在起飞前要**确保这些灭火器没有被使用过**。

虽然不希望遇到紧急情况，但救生衣和救生绳依然必不可少，必须**确保它们数量充足、随时可用**！

最后，要准备**航空**餐啦。在本次航班的飞行时间内，要为乘客准备一顿晚餐，今天的菜品是鱼香肉丝、米饭、酸奶、榨菜和西瓜。

机上的准备工作完成，乘客们就开始登机啦！

实习空乘小琦站在舱门口，微笑着迎接从廊桥上来的乘客，一个活泼的小男孩吸引了她的注意力。只见他分外好奇，左看看、右看看。

他指着机坪上的行李车问爸爸："那是什么车呀？"得到回答后，又很担心地说："他们会不会忘记我的猫咪呀？"妈妈摸摸他的脑袋："放心吧，小驰，它在飞机下方的货舱里呢！"

原来，这个男孩叫小驰呀！

听说，小驰这是要和爸爸妈妈一起，乘飞机去深圳探望爷爷奶奶。和他们同行的，还有小驰的宠物猫——皮蛋！

不过，在办理托运后，皮蛋和小驰就暂时分开了。**皮蛋要被放在特制的宠物行李箱里托运。**但是宠物行李箱和普通的行李箱可不同，它不是通过分拣区运到行李车上的，而是走专门的宠物通道！

下午4点50分，乘客登机完毕！机长确定所有舱门关闭后，通过对讲机与"机场交警"塔台提出申请：

"'飞驰621'航班舱门已关闭，计划前往深圳，申请推出开车。"

塔台给出滑行路线和起飞跑道后，拖车会将飞机从机位推出。

嚯，今天是节假日，排队的飞机还真不少！与我们的航班处在同一条跑道的还有飞往洛杉矶、成都等地的飞机，大家都按照推出时间，排队等待起飞。

飞机缓缓推出。在乘客舱内，小驰趴在窗边看向不远处的飞机："爸爸，机头下那个一闪一闪的灯是干什么用的呀？翅膀上也有很多亮亮的灯……"

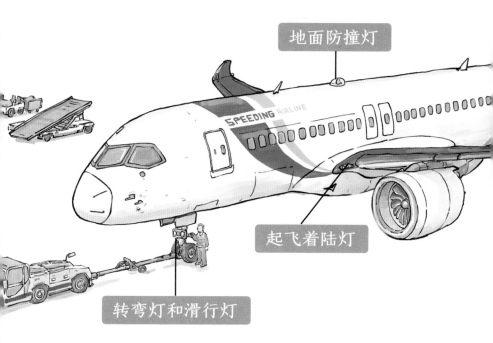

地面防撞灯

起飞着陆灯

转弯灯和滑行灯

　　小驰的爸爸恰好是一位飞机工程师，他轻松答道："机头下的是转弯灯和滑行灯，机翼靠里的是起飞着陆灯，可以在飞机起飞、降落时照亮跑道，靠外的是位置灯，用来提示大家飞行的位置，机尾的空中防撞灯提醒其他飞机避让，机背上的地面防撞灯是用来警示大家发动机正在运转的。"

听完爸爸的回答，小驰对爸爸崇拜极了，忙又抛出一个问题："对了爸爸，咱们今天坐的 C919 怎么和电视新闻里的样子不一样呀？电视上的 C919 机身明明涂的是蓝色和绿色。"

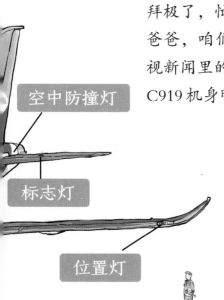

"因为航空公司购入新飞机以后，会对它们进行涂装呀。每个航空公司都有自己独特的标志和涂装配色，一些特别的航班还会根据节日等特殊需要拥有特别的装扮。"

看到小驰好奇的样子，爸爸又说道："虽然今天的航班没有特殊涂装，但是你看，咱们今天乘坐的是全球首架投入运营的 C919，杯垫、矿泉水都是定制的呢！"

小驰拿起印有"全球首架"字样的矿泉水，"哎呀，我都舍不得喝了！"

终于，排在前面的航班都起飞了，"飞驰621"来到了跑道上。在发动机的轰鸣声中，飞机加速前进，在跑道尽头达到280千米/时的起飞速度，机长阿黄向后拉动操纵杆，飞机抬头向上，正式起飞！

C919的操纵杆像游戏手柄一样灵活，**向后拉控制飞机爬升，向前推控制飞机俯冲，左右扳动则对应向相应方向的转弯。**

怎么听起来就像打游戏一样简单？

升降舵

当然不是这样，操纵一架飞机其实比开车更复杂！因为飞机有三个方向轴需要控制：方向舵、升降舵和大翼后缘的两个副翼。飞行员需要手脚并用，才能应对这项复杂的工作。

其中，升降舵和副翼都要通过操纵杆来操作，而驾驶座下的踏板则用来控制方向舵。

副翼

方向舵

飞机要右转啦！

接收到机长的指令后，计算机就开始配合执行了：首先右侧副翼向上摆动，左侧副翼向下摆动，机身向右倾斜；接着垂尾方向舵向右，飞机头部跟着向右转。这样一来，在副翼和方向舵的相互配合下，右转指令就完成了。

起飞后，飞机与塔台管制员逐渐脱离联系，转交给进近管制员指挥。和"飞驰621"一同起飞的航班很多，这会儿，进近管制员正在让它们有序地离开低空区域。

"'飞驰621'，尽快上升到1200米高度，为后面的'海龟7833'让出空域。"驾驶室中的机长阿黄听到进近管制员的指令，立即复述并执行，离开了低空区域。

经过小小的颠簸，飞机开始平稳飞行。

"哇，上海变得好小！对了爸爸，机长需要一直控制飞行方向吗？"小驰望着窗外，感慨的同时提出了又一个问题。

"不需要！飞机爬升到安全高度后，就能开启自动驾驶系统，飞行员只需要监控自动飞行系统正常工作就可以了。遇到特殊状况，人工再介入。飞机的航行路线由一个个坐标点连接而成，计算机会根据定位系统和传感器的数据，让飞机按照预定路线点追点飞行。而且，在各个飞行阶段，还会有很多地面工作人员协助飞机飞行。"

23

　　飞机正在 10 100 米的平流层高空巡航，遇到了一架从深圳飞往嘉兴的飞机。哎呀，是不是要打声招呼呀？

　　在天空中，打招呼可不能靠喊。**飞机和塔台、飞机和飞机之间可以通过无线电信号联络。**

　　联络之后，在塔台管制员的协调下，"飞驰621"自动避障系统将飞机高度调至 11 000 米，安全避开了迎面而来的"海龟2197"。

知识锦囊

空中通信的四种主要方式

① 高频天线隐藏在垂尾之中，可以将信号发送到上千千米以外。

② 通信天线用于飞机之间、飞机和地面之间的通信。

③ 卫星天线通过卫星连接互联网，让乘客在空中也能上网。

④ 空中防撞天线能帮助飞机在空中自动避让。

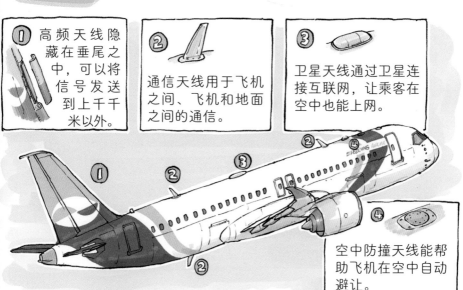

　　飞行到莆田上空时，雷达上显示大面积红色，是积雨云！阿黄立刻意识到，前方可能出现雷暴、冰雹和大雨。他赶紧通知乘务长，让乘客们回到座位坐好并系紧安全带，避免因颠簸而摔倒和碰撞。

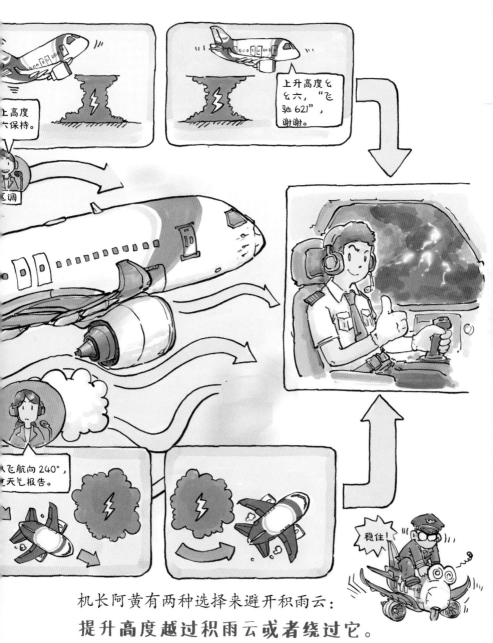

机长阿黄有两种选择来避开积雨云：

提升高度越过积雨云或者绕过它。

无论选择哪种方式，都需要向所在空域的区域调度员申请，以确保航路安全。阿黄申请了绕飞。在区调确认后，飞机顺利绕过了即将下暴雨的区域。

颠簸停止了，飞机继续平稳地向前飞行。乘客也可以解开安全带活动一下了！

　　由于吃饭时喝了太多饮料，小驰这会儿想去卫生间了。飞机上的卫生间空间有限，但是麻雀虽小，五脏俱全。最有趣的就是这个神奇的马桶啦！

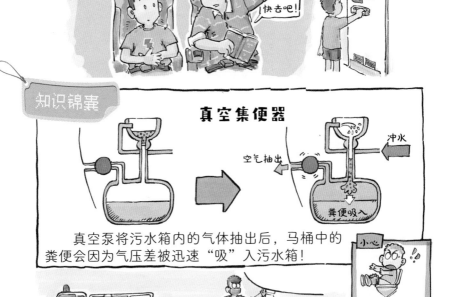

　　飞机上使用的是真空集便器，被收集到污水箱的粪便在飞机落地后由污水车统一处理。也就是说，飞机要在落地后才可以"去厕所"呢！

关灯　弱光　强光

　　小驰回到座位上时，妈妈已经休息了，而爸爸正在看书。

　　空乘组为小朋友准备的图画书终于要派上用场啦！实习空乘小琦细心地调节好灯光后，小驰安静地看起了一本关于飞机的科普书，沉浸在知识的王国里。

　　过了一会儿，小驰也困了。他合上书，盖好飞机毯，渐渐进入了梦乡。

　　座位头顶的空调旋钮可以改变空调的出风量和出风方向。看到小驰睡下，乘务长小橙姐又过来帮他把出风量调小了一些。

小朋友在睡觉，出风量调小！

哇，天已经黑了！窗外可真美呀！

"女士们、先生们，本架飞机预计在15分钟后到达深圳宝安机场。地面温度是29℃，谢谢。"广播声响起，在小橙姐温柔的播报声中，飞机离目的地越来越近了。

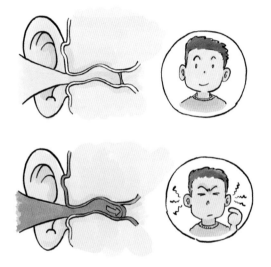

小驰也被机舱广播叫醒了。一觉醒来，他觉得耳朵似乎被什么东西堵住了。这是因为，人耳道中的鼓膜是有弹性的，在飞机降落的过程中，鼓膜外气压迅速增大，压迫鼓膜向内凹陷。

爸爸掏出口香糖给小驰。通过咀嚼、吞咽等动作，鼓膜可以快速适应气压变化，不适感也会逐渐减轻。

　　现在是晚上 7 点 30 分。在 2100 米高度盘旋数圈后，"飞驰 621"得到了进近管制员允许下降的指令。

　　此时深圳天色已暗，跑道上各种颜色的灯光为飞行员指明了路线。阿黄面前还有一台神奇的显示屏——平视显示器，一般也称为 HUD，辅助他了解飞机和跑道的情况。

　　HUD能将飞行数据信息和飞行指引符号通过光学系统投影显示在飞行员面前，飞行员可以通过仪表着陆系统的姿态参数，不断调整机身角度，直至飞机对准跑道。

10分钟后，机长阿黄驾驶着飞机，顺利在跑道上降落。大飞机的主起落架先接地，然后是前轮。着陆后的飞机在跑道上快速地行驶着。

速度这么快的飞机可不能直接开进停机位。为了让飞机减速并停下来，阿黄还需要启动多种减速设备，帮助飞机"停车入位"。

第一步：**打开襟翼和扰流板**。飞机在下降过程中，小驰可以从舷窗看到飞机的机翼发生了变化。

机翼前缘和后缘伸出的部分是缝翼和襟翼，它们可以帮助飞机平稳地减速并着陆；而机翼上竖起的"板子"是扰流板，它可以增大机身阻力，在下降和滑行过程中让飞机减速。

第二步：**启动刹车设备**。飞机起落架的轮胎里也有刹车设备，可以让飞机慢慢停下来，就像汽车的刹车设备一样。

启动反推模块

第三步：**启动反推模块**。反推模块是飞机发动机外部组件的一部分。飞机降落时，反推挡板立起，使原本向后流动的空气向前流动，流动方向与推力的方向相反，通过反向气流协助飞机减速"刹车"。

在减速设备的共同协作下，飞机沿着跑道中心线慢慢地停下来。由于飞机很高，驾驶员只能看到飞机前方的部分区域，这时候，地面勤务人员上前指挥，帮助阿黄将飞机停到了正确的停机位上。

启动刹车设备

打开缝翼、襟翼和扰流板

飞机停稳后，地面勤务人员和各种作业车有序到达规定位置，开始作业。地勤叔叔放置好轮挡，防止飞机移动，然后，将又大又粗的污水车真空吸管与飞机排污口相连，打开开关后，排泄物就被吸进污水车里了。行李通过传送车被卸到行李牵引车上，再被运送到行李处理区的指定转盘上。

　　等到乘客们都下机后，飞机也要"休息"了。但阿黄并不能马上下班，作为机长，他要和机场的机务人员进行重要的**交接工作**。

阿黄填写好交接单，说明了所有重要的维护信息。维修工程师则要对飞机进行例行检查和维修。

　　这不，根据驾驶舱内的设备显示屏上出现的维护信息，工程师给"飞驰621"更换了左机翼前缘有凹坑的缝翼。

　　与此同时，地面勤务人员排空了饮水箱内的余水，防止细菌滋生。

知识锦囊

　　完成所有检查和维护工作后，工程师还需要把飞机临时封存起来。飞机落地后，"临时监护人"由机长变为机场的机务人员，现在又变成机场的安保人员啦！他们不仅要负责"监护"飞机，还要守护整个机场的安全。

咦，小驰下飞机后去哪里了呢？

他对这次大飞机之旅感想如何呢？

在跟着爸爸妈妈走下客梯车后，小驰就坐上摆渡车前往航站楼。

直到走在取行李的路上，小驰还若有所思。

"爸爸，我们坐的大飞机是怎么造出来的啊？"他问到。

爸爸笑着说："这可是个很长的故事了。"

"给我讲讲呗！我和我们社团的小伙伴都可好奇了！我要比他们先知道才行！"

　　"有机会的话，我带你们去参观一下飞机工
厂，你们就知道了。"

　　"真的吗？那可太酷了！"小驰欢呼道。

　　正说着，小驰看到行李传送带上出现了宠物猫
皮蛋的托运行李箱。他兴奋地冲上前，拿起箱子抱
出皮蛋。

　　"哎呀，我可想死你了！你是不是也觉得坐飞
机很棒呀！"

"奶奶，这次的大飞机之旅，我有好多感想要和您分享呢！"

参观大飞机超级工厂

2

上次的 C919 之旅给小驰留下了深刻的印象，他非常想知道 C919 大飞机是怎么造出来的。于是爸爸答应带他学校航空航天社团的同学们一起参观中国商用飞机有限责任公司——目前中国唯一一家大型民用飞机制造企业。

　　中国商飞总部在上海，下设设计研发中心与总装制造中心。

　　在小驰爸爸和社团老师的带领下，航空航天社团的小朋友们首先来到了设计研发中心。

小驰爸爸的老朋友——商飞公司的资深飞机工程师张工主动承担了这次参观的讲解工作。

　　"同学们，欢迎大家来参观商飞研究院。你们知道造一架大飞机的第一步是什么吗？"

　　"画图！"王小胖率先抢答。

　　"非常棒！和同学们做航模的过程一样，造真正的大飞机，第一步也是画图，只不过我们要根据航空公司的要求来画图。这边这位工程师叔叔就正在用专业的三维建模软件画渲染图。"张工指了指不远处的工位。

张工告诉大家，在开始设计飞机之前，他们得先知道这架飞机需要满足哪些需求。比如飞驰公司订购飞机时，会提出以下需求：这架飞机至少能容纳 168 人，一次航程可以从黑龙江飞到海南，飞机里还要能装下 7 个集装箱等。

　　根据这些需求，张工和同事们基本可以确定，这架飞机应该是一架**中程窄体干线商用飞机**。那么绘图设计阶段，工程师们就会针对需求进行规划。

　　假设飞机容纳 168 人同时乘坐，安排每排 6 名

乘客，乘客座位共 28 排，这样一来，机身宽度至少需要 4 米，长度至少 35 米。

　　飞机每飞 1000 千米大概消耗 4 吨燃油，从黑龙江飞往海南，航程约 4000 千米，大概需要 16 吨燃油，加上备用燃油，油箱需要能够容纳 20 吨燃油。

　　1 个航空集装箱最多装 1.1 吨货物，再加上乘客和油箱，飞机总重量最高可达 72.5 吨，至少需要 30 米长的机翼和 2 台发动机提供升力才能满足飞行要求。

　　根据设计图纸，工程师用电脑软件绘制出三维图样，这样就能看到飞机的样子啦。接下来，工程师还要通过模拟计算，得出关于飞机"身体"的精确数值，比如机翼和尾翼的面积、机身的最大直径和长度等设计参数。要计算这些数值，需要学习飞行器设计、空气动力学、飞行力学、控制原理等专业课程。小驰他们听到后，对工程师佩服不已。

　　之后，工程师使用计算机，对飞机不同部件的尺寸和受力情况进行模拟，再根据计算结果，选择最合适的材料。

　　碳纤维复合材料
　　高强度铝合金材料
　　芳纶纤维复合材料
　　碳纤维加芳纶纤维复合材料

"有没有哪位同学能和我说一说，飞机是由哪些部分组成的？"张工随口出了一道题。

"机翼！""发动机！"大家七嘴八舌地抢答起来。

"你们说得都没错。那你们知道，C919 的哪部分应用了了不起的创新技术吗？"

小驰和朋友们你看看我，我看看你，都对自己的答案不那么确定。

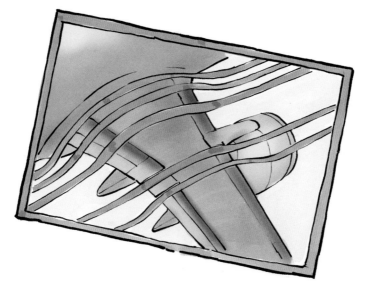

张工指着一旁 C919 的三维模型说道："C919机翼采用了**超临界机翼**，上下表面的相对厚度较小。相比传统机翼，超临界机翼可以使飞机巡航气动效率提高 20% 以上，达到更高的马赫数，整体阻力也小于传统机翼。"

接着，张工又介绍了飞机的其他部件。飞机要想像鸟儿那样在天空中自由翱翔，还需要通过尾翼控制平衡。与地面垂直的叫作垂尾，与地面平行的叫作平尾。

副翼是机翼外侧后缘处一小块可动的翼面，它与垂尾配合，可以帮助飞机在空中自由转向。

张工带着大家离开工作间，继续向工厂深处走去。

"哇，那是发动机吧！这么大！"眼尖的王小胖一眼看到了发动机模型。

张工介绍道："我们的大飞机用的是 CFM 国际公司的 leap 1C 型号发动机，波音（Boeing）用的型号是 1B，空客（Airbus）用的型号是 1A。这下，相当于 ABC 都凑齐了！飞机要想起飞，需要依靠两种力。一方面，发动机产生推力，推动飞机往前走；另一方面，空气流过机翼，产生升力。当飞机前行的速度足够快，升力就可以让飞机飞起来。发动机是世界上最精密的仪器，下午你们去总装厂，就能看到真的发动机了。"

　　"只有三维模型是不够的。为了确定飞机的真实样子，工程师还需要制作一个等比例缩小的飞机模型，进行重要的**风洞试验**。"张工带着大家走进了一个十分神秘的房间。

　　"风洞试验室里的设备可以模拟各种飞行条件，风速最大可以达到台风的 5 倍。"

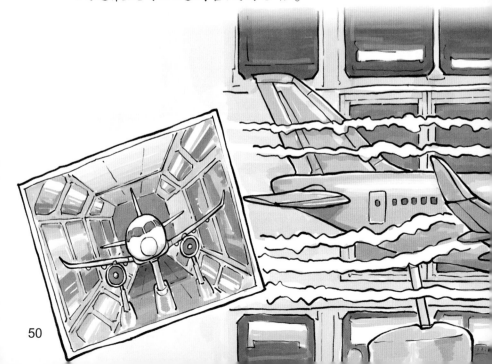

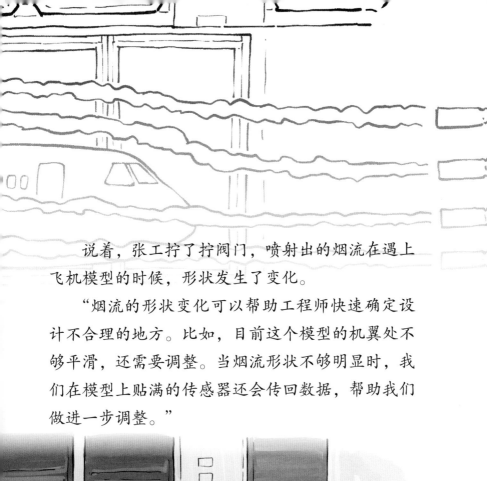

　　说着，张工拧了拧阀门，喷射出的烟流在遇上飞机模型的时候，形状发生了变化。

　　"烟流的形状变化可以帮助工程师快速确定设计不合理的地方。比如，目前这个模型的机翼处不够平滑，还需要调整。当烟流形状不够明显时，我们在模型上贴满的传感器还会传回数据，帮助我们做进一步调整。"

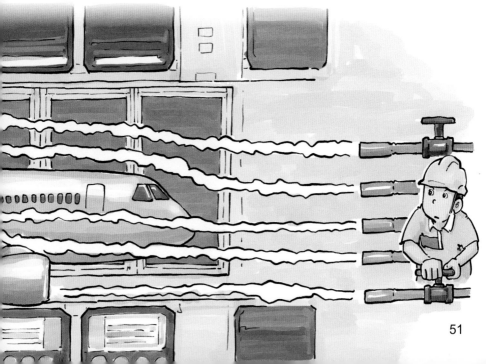

一行人继续往前走，在综合试验大厅内，与飞机几乎一样大的铁鸟试验台屹立着。它仿佛一只振翅待飞的雄鹰，双翅延展，尾巴高翘。

"哇！这不是铁鸟试验台嘛，好大呀！"小驰一眼看到了曾在一部纪录片里见过的大型客机试验台，忍不住感叹。

三鸟联试

这里除了对飞控液压系统进行测试的"铁鸟"，还有测试供电系统的"铜鸟"，以及测试航电系统的"电鸟"。"铁鸟""铜鸟"连同"电鸟"最终会全部连起来，从而形成"三鸟联试"来模拟飞机状态。

"没错，工程师可以在铁鸟试验台上组装飞机零部件样品，通过在地面上模拟极端情况，验证各零部件是否能完美配合，用无数次仿真飞行来找到解决方案。铁鸟试验台主要用于进行飞控、液压、起落架等机械系统方面的试验。现在大家看到的，是襟翼和缝翼的收放测试。"张工对大家讲解到。

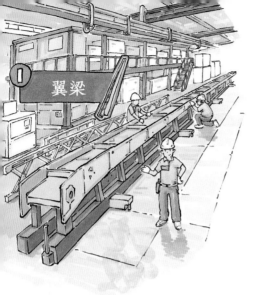

① 翼梁

零件样品测试合格后，就可以开始正式生产了！

但是，飞机并不是整体造好的。比如飞机的主体部分，虽然主要都是框架结构，但是分为多个机身段、机翼和机头等部分。它们都要分别制造，然后再组装到一起。

② 翼肋

下面就以机翼为例，看看飞机主体的具体制造过程吧。

1. 制造长长的翼梁。

2. 制造翼肋。

3. 组装机翼框架：一排排翼肋在翼梁上按照顺序排列，就组合出了机翼的框架结构。

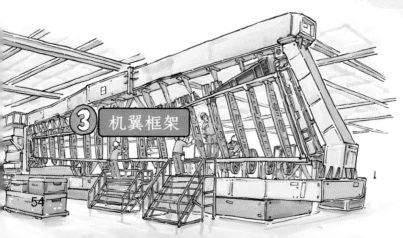

③ 机翼框架

4. 安装蒙皮： 在组装完毕的机翼框架上，还需要覆盖一层蒙皮，这层蒙皮通常采用高强度铝合金材料。

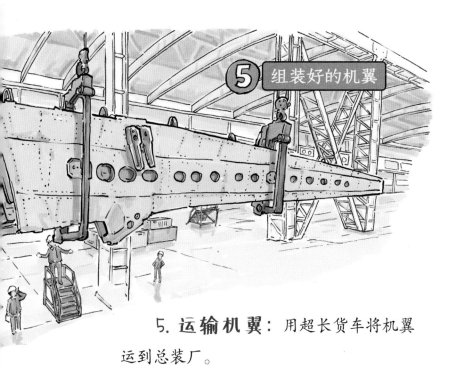

5. 运输机翼： 用超长货车将机翼运到总装厂。

"老师，商飞生产的那么多架飞机都是在哪里组装的呀？是不是要有好大一个厂房呢？"这个王小胖果真性急，这会儿就嚷着要看整机组装了。

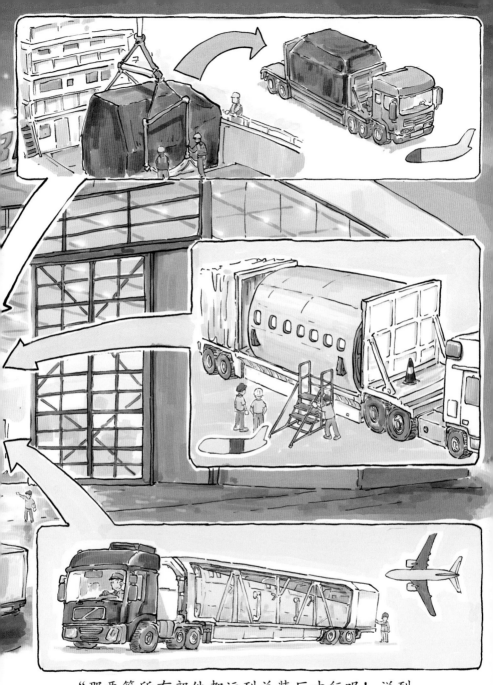

　　"那要等所有部件都运到总装厂才行呢！说到这，大家可以想象一下飞机总装厂是什么样的。"张工神秘地卖了个关子。

　　下午，大家来到了商飞总装制造中心。一进大门，映入眼帘的就是"永不放弃"雕塑广场，大家仿佛能看到一代代航空人传承着"自立自强"的航空精神。

　　这里就是超酷的飞机总装厂啦！

　　和想象中嘈杂忙乱的样子不同，C919的总装厂房十分干净整洁。工程师们在流水线的不同环节上井

井有条地工作，大飞机已经初见雏形！

"现在大家看到的，就是国产客机 C919 的总装生产车间，这里的配置目前达到了国际先进水平。在这里，我们**先将机头、机身和机尾组装到一起，然后安装机翼、舱门等部件**，最后给飞机安装起落架！"张工自豪地向大家介绍。

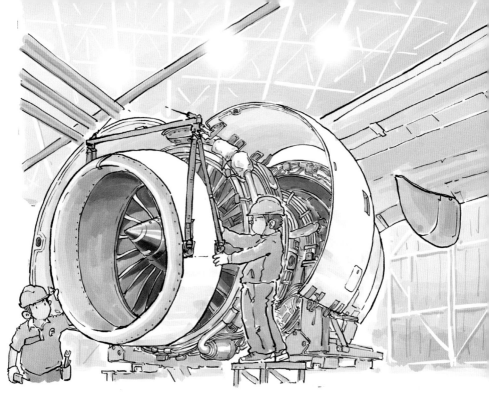

但是，飞机组装好后，可不是立刻就能飞起来！

转过一个车间，另一个厂区内，几位叔叔正在安装飞机最关键的部件之一——**发动机**。

飞机的动力来自两台喷气式发动机，分别安装在飞机左右两翼的下方。

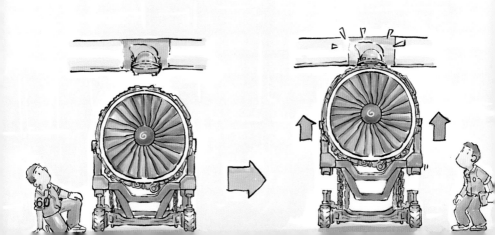

发动机由**风扇、压气机、燃烧室、涡轮**四个部分组成。发动机内部所有的固定部件都安装在机匣上。

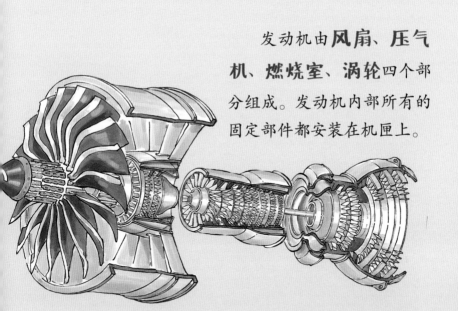

除了内部部件，发动机外部还有很多组件，比如**整流罩、进气道和反推模块**。整流罩是发动机的保护壳，不仅可以保护发动机的内部组件，还可以减小飞机飞行时的阻力。

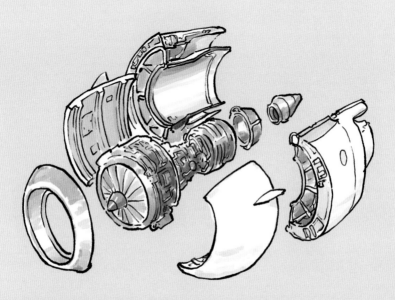

发动机小课堂

发动机之所以能产生那么大的推力，是因为空气经过压缩后，与燃油混合并燃烧，生成高温高压的气体，驱动涡轮和风扇产生推力。

风扇

风扇是发动机推力的主要来源。直径近两米的风扇每秒能转 60 圈，能将空气流速增大至 800 千米/时。

压气机

压气机里的压力是外界的 50 倍，可以把一个篮球挤压到网球大小。它的主要作用是压缩空气。经过压缩的气体会燃烧得更剧烈。

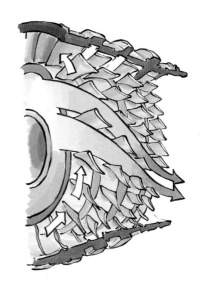

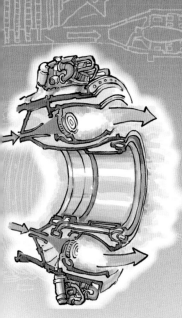

燃烧室

燃烧室里有18个燃油喷嘴，它们会把燃油源源不断地喷到环形的燃烧室内，在这里和压缩后的空气混合，经由高压电源点燃，持续燃烧。燃烧后，在这里会生成高温高压的气体。

涡轮

来自燃烧室的高温高压气体进入涡轮后，会膨胀并推动涡轮叶片旋转，再从发动机后部喷出。涡轮叶片旋转时，会通过转轴带动风扇和压气机继续运转。

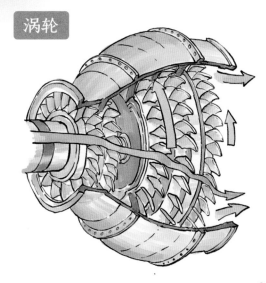

风扇叶片

航空发动机的构造是如此精密，它的制造过程也非常复杂。其中，发动机叶片的制造尤为关键！

风扇叶片作为发动机中最大的叶片，需要足够轻、足够硬。碳纤维材料能很好地满足要求，仅仅18片风扇叶片就能产生11吨推力。

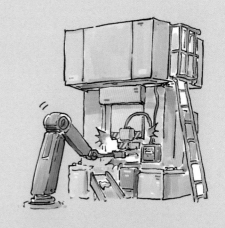

压气机叶片

压气机内的叶片需要能承受很大的压力和很高的温度，碳纤维材料在这个温度下会熔化。这时候，我们需要更耐热的钛合金材料。这些叶片大多是使用锻造压力机制造的。

涡轮叶片

压缩气体经过燃烧，温度可高达 1700℃，日常能看到的金属在这个温度下都会被瞬间熔化。聪明的工程师们将涡轮叶片做成空心的，以方便散热，还为叶片涂上更耐高温的陶瓷涂层。

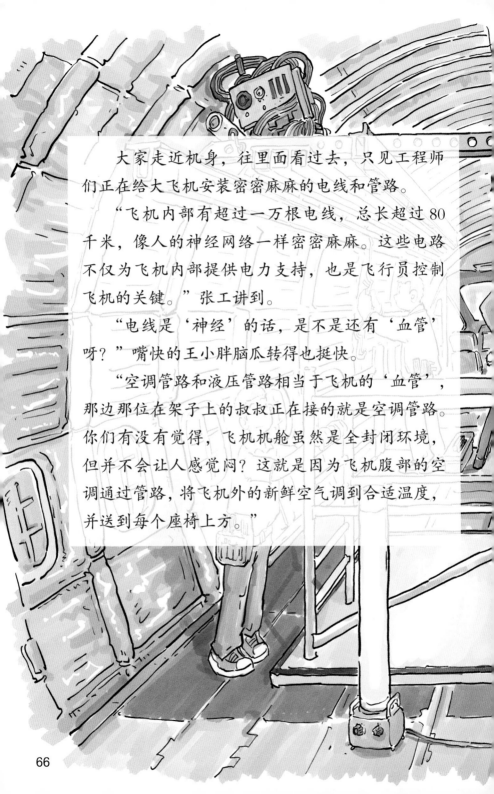

　　大家走近机身，往里面看过去，只见工程师们正在给大飞机安装密密麻麻的电线和管路。

　　"飞机内部有超过一万根电线，总长超过 80 千米，像人的神经网络一样密密麻麻。这些电路不仅为飞机内部提供电力支持，也是飞行员控制飞机的关键。"张工讲到。

　　"电线是'神经'的话，是不是还有'血管'呀？"嘴快的王小胖脑瓜转得也挺快。

　　"空调管路和液压管路相当于飞机的'血管'，那边那位在架子上的叔叔正在接的就是空调管路。你们有没有觉得，飞机机舱虽然是全封闭环境，但并不会让人感觉闷？这就是因为飞机腹部的空调通过管路，将飞机外的新鲜空气调到合适温度，并送到每个座椅上方。"

　　"那液压管路是干什么的呢？"看着密密麻麻的管路，孩子们开启了"十万个为什么"模式。

　　工程师为他们耐心解答了疑问："液压管路里面输送的是液压油，它们给副翼、升降舵等控制舵面提供能量。电路管路系统安装完毕后，就要开始在机翼下预留的位置安装发动机了。"

"哇！大功告成！"看到完工的大飞机，王小胖很是激动，恨不得现在就坐上去。

　　"别急别急，还要完成各种**整机测试**呢。除了测试设备是否正常工作，整机测试中还需要模拟各种极端情况，以考验飞机性能。只有通过测试的飞机，才能运输旅客。"张工说着，带大家来到了厂房外，只见一架飞机正在跑道上滑行。

　　"和铁鸟试验台的测试一样吗？"小驰被各
种测试弄得有点儿困惑了。

　　"铁鸟试验台是针对新机型研发阶段某个零
件进行测试的，我们现在要检测的是每一架组装
后的整机。不同的机型需要通过的测试类型不
同，今天简单给大家介绍最常见的四种。"

新机测试小课堂

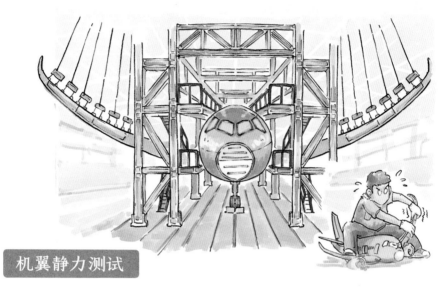

机翼静力测试

　　机翼静力测试的目的是测试机翼强度，保证机翼在极端环境下也不会断裂。

　　机上设备测试的目的是看机上控制设备能否精准操控飞机各部件。

机上设备测试

起落架收放测试

起落架收放测试是为了检查起落架能否正常工作。如果起落架不能顺利放出，飞机着陆时就会发生危险。

溅水测试

溅水测试会模拟大雨情况，让飞机在积水跑道上高速滑行，确保发动机和其他部件的性能不会受到溅水的影响。

张工告诉大家，完成测试后的飞机就可以开始涂装啦！涂装的步骤一共有四步：

1. **清洗**：将组装过程中覆盖在机身上的保护材料洗掉。

2. **喷防腐底漆**：为了防止空气和雨水腐蚀机身，甚至导致机身出现裂纹的严重情况，必须为飞机喷一层防腐底漆。

3. **喷保护漆**：保护漆大多是白色，白色漆能减少太阳辐射对飞机造成的损伤。

4. **喷彩漆**：喷完白色保护漆的飞机就像一块大画板。工人们就像画家一样，按照航司要求给飞机"穿新衣"。

大飞机终于造好了!

不过，现在飞机的客舱还只是个空壳，需要安装厨房设备、座椅等。当然，飞机客舱还需要进行装饰，就好比我们装修新家时，在完成水电改造、墙体拆改等硬装后还需要软装内饰。客舱装修风格取决于航空公司的要求。

我们一起来看看飞驰公司的选择吧!

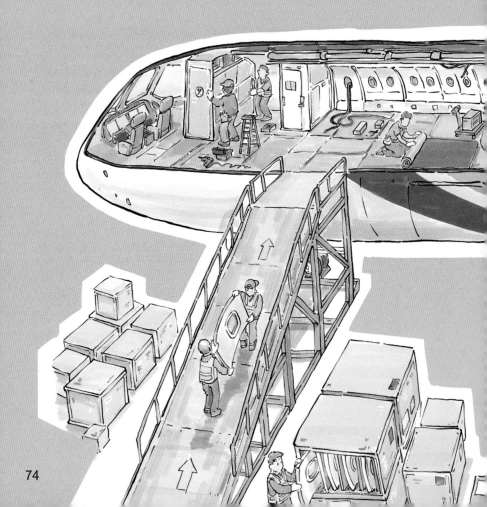

张工为大家介绍的是即将交付给飞驰公司的一架新机。厨房里的烤箱和客舱的红色地毯都是标配，而淡灰色装饰板则是为了盖住背后的保温棉，让客舱显得更美观。虽然机型设计可以容纳 168 个座位，但是为了让乘客更加舒适，飞驰公司选择了更大的座椅，最终定制了 158 个座位。

"张叔叔，我们以后会有飞往更远地方的机型吗？"小驰突然想到，C919的最大飞行里程是4000千米，要想飞得更远需要什么样的机型呢？

　　"当然，我们正在研制宽体客机C929，今后大家也能坐着我国自主研发的C929出国玩！"说到这里，张工的激动之情溢于言表。

　　参观完商飞总制造中心，大家意犹未尽地往大门口走，正好看到一架崭新的 C919 行驶在跑道上，飞向蓝天！